LE PRIX DES TALENS,

PARODIE du troisième Acte
des Fêtes de l'Hymen
& de l'Amour.

Par Mrs. S*** & H***. *et de Valois d'O.*

Représentée pour la première fois sur le Théâtre des Comédiens Italiens ordinaires du Roi le mercredi 25 Septembre 1754.

Le prix est de 24 f. avec la Musique.

A PARIS,

Chez DUCHESNE, Libraire, rue Saint Jacques au-dessous de la Fontaine Saint Benoît, au Temple du Goût.

M. DCC. LV.

Avec Approbation & Privilège du Roi.

ACTEURS.

LE SEIGNEUR *du Village*; M. ROCHARD.

LISON, *Bergere.*   Mde. FAVART.

LE BAILLI,   M. CHANVILLE.

LA PEINTURE,   Mlle. DESGLANDS.

UN BERGER,   M. DESBROSSES.

UN MAISTRE D'ARMES, M. CARLIN.

UNE DANSEUSE,   Mlle. CATINON.

BERGERS ET BERGERES.

La Scene est dans un Village.

LE PRIX

DES TALENS,

PARODIE.

SCENE PREMIERE.

LE SEIGNEUR, *seul.*

AIR. *C'eſt un enfant du Devin de Village.*

A MOUR
Je t'implore en ce jour ;
Que les plaiſirs
Suivent mes déſirs.
Tu peux
Favoriſer nos jeux :
Dans ce ſejour
Etablis ta cour.

A ij

Viens, quitte Cythére;
Peut-on mieux te plaire,
Qu'en faifant briller les talens !
Qu'ils font charmants,
Qu'ils font charmants.

Air. *Tout roule aujourd'hui dans le monde.*

Le Talent quand on le méprife
Difparoit , & meurt en naiffant ;
Mais le talent qu'on autorife
Renaît , s'embellit & furprend.
Par une façon peu commune,
Je veux me faire refpecter,
Qui fçait partager fa fortune,
Proüve qu'il fçait la mériter.

SCENE II.

LE SEIGNEUR. LE BAILLI.

LE BAILLI.

Air. *Mon aimable Javotte.*

SELON votre ordonnance ,
Nos Bourgeois font tretous affemblés
Je viens en diligence

Sçavoir ce que vous voulez;
Tout le monde est poudré,
Paré,
Tiré,
Embré,
Fardé,
Bien cardé.
Chaque Berger
Est leger,
Et prétend voltiger.
En galants Escarpins,
Ces biaux Poupins,
Accoutumés à s'exercer
Sont, quand il faut se tremousser,
Toujours prêts à danser.

LE SEIGNEUR.

Air. *Quoi vous partez.*

Pour célébrer la fête du Village,
Je veux donner quatre prix aujourd'hui.
Chaque Vainqueur aura pour son partage
Deux cens Ducats, & j'y joins mon appuy.

LE BAILLI.

C'est trop, Seigneur, honorer le Village,
Et son Bailly vous rend grace pour lui.

LE SEIGNEUR.

Air. *De tous les Capucins, &c.*

La Peinture doit la premiére

Ouvrir cette belle Carrierre.
De la voix, les charmants attraits,
Feront la feconde conquête :
Les armes paroîtront après,
La danfe finira la fête.

AIR. *Non je ne ferai pas, &c.*

Mais de gagner deux prix fi quelqu'un a la gloire,
Je veux en l'époufant couronner fa victoire.

LE BAILLI.

Qu'un Garçon les remporte, il aura donc l'honneur
De fe voir aujourd'hui femme de fon Seigneur.

LE SEIGNEUR.

AIR. *De M. de Catinat.*

Ah ! vous avez raifon, & je n'y penfois pas :
Pour fuivre Arueris, j'allois faire un faux pas.

LE BAILLI.

Chérchons, fans plus tarder, un reméde à cela ;
Car fouvent on s'égare en fuivant l'Opera.

LE SEIGNEUR.

AIR. *Ici font venus en perfonne.*

Si c'eft un Garçon, il doit prendre
Le cher objet qui le rend tendre ;
Lui donner fa main & fon cœur.

Si quelque fille a l'avantage
D'avoir deux prix pour son partage ;
C'est moi qui ferai son bonheur.

LE BAILLI.

Mais, mais, y pensez-vous Seigneur,

LE SEIGNEUR.

Oui, je l'épouserai d'honneur.

LE BAILLI.

AIR. *Quand l'Auteur de la nature.*

Vot' personne nous est chere,
Je craignons pour vous, qu'en cette affaire ;
Le sort ne vous soit contraire :
Vous baillant
Un objet déplaisant.

LE SEIGNEUR.

Telle passe
Pour une Grace,
Dont la beauté n'a rien qui m'agace ;
Elle lasse,
Et s'efface.
Les talens
Ont seuls tous mon encens.

LE BAILLI.

Mais, palsangué, qu'une fille,

Qui par tous ſes talens prime & brille,
Soit folle d'un autre Drille ;
A quoi ſart
Qu' vous lui ſoyez offart.

LE SEIGNEUR.

Oh ! Je gage
Pour mon ſuffrage ;
Mon bien m'eſt garant de cela :
La volage,
La ſauvage.
Nulle enfin ne réſiſtera,
Je gagnerois la plus ſage.

LE BAILLI.

La plus ſage de l'Opéra :
Tatigué, qu'en cette affaire,
Chez les grands la mode eſt ſinguliére!
Sans choix on prend minagere.
Après ça
L'aimera
Qui pourra.

LE SEIGNEUR.

AIR. *Nous ſommes précepteurs d'amour.*

Annoncés les prix deſtinés,
Que votre zéle me ſeconde.
Les Talents ſeront couronnés :
Raſſemblez ici tout le monde.

PARODIE.

LE BAILLI.

AIR. Des bons Villageois.

Morgué queu brave Seigneur,
Comme il prend soin de nos familles!
C'est en les piquant d'honneur,
Bailler du talent à nos filles :
Aisément on les pourvoira ;
Car dès que quelqu'un en aura,
C'est à Paris qu'on l'envoira,
Et son talent l'établira,　　*bis.*

SCENE III.

LE SEIGNEUR, *seul.*

AIR. N°. 1.

DU charmant objet que j'adore,
Rien ne peut effacer les traits ;
Chaque instant l'embellit encore,
Et rien n'égale ses attraits ;
Mais son mérite qui m'engage,
M'offre des charmes plus constans.
Rarement on devient volage,
Quand on ne cede qu'aux talents.

Dans la bouche de sa Bergere ,
Un je vous aime , est bien flatteur ;
Ce mot varié sçait nous plaire ;
Il est la source du bonheur.
Tantôt dit avec innocence ,
Et tantôt dit avec gayeté.
Lison sçait fixer la constance ;
Par l'attrait de la nouveauté.

SCENE IV.

LE SEIGNEUR, LISON.

LISON.

AIR. *O doux espoir , de Raton & de Rozette.*

QUEL coup affreux !
Quoi, vous brisez nos nœuds ?
Expliquez-moi qui vous rend infidele.
Quel coup affreux !
Quoi, vous brisez nos nœuds ?
Hélas ! pourquoi
Dégager votre foi ?

LE SEIGNEUR.
Sois sans effroi ;
Rassure-toi :

Mon ardeur doit être éternelle.
Ce cœur foumis
Qui t'eft promis,
De tes attraits
Reffent toujours les traits.
Sans s'abuſer,
L'amour peut tout oſer.
De tes talents fais voir une éteincelle.

LISON.

Avant la loy
Votre cœur eft à moy,
Et fans égard,
Vous l'offrez au hazard.

LE SEIGNEUR.

AIR. *Menüet d'Iſis.*

Peux-tu craindre une inconftante ardeur ?
Ta beauté, t'affure de mon cœur,
Permets donc, pour prix de ma tendreffe,
Que je me livre au charme fi flatteur,
De pouvoir couronner ma Maîtreffe.

LISON.

Je ne dois plus eſperer ce bonheur.

LE SEIGNEUR.

AIR. *De s'engager il n'eft pas trop facile.*

Les plus beaux dons font votre heureux partage.
Eft-ce le prix qui ne vous flatte pas ?

LISON.

D'un tendre Amant est-ce là le langage ?
Vous me vantiez autrefois mes appas.

LE SEIGNEUR.

Air. *A l'ombre de verd bocage.*

A la beauté tout rend hommage.
Sous ses loix elle range un cœur ;
Mais souvent il devient volage ,
Séduit par un talent vainqueur.
   Puis-je ne pas être fidéle ,
Quand Lison qui sçait m'engager ,
Pourroit même sans être belle ,
Fixer l'Amant le plus leger.

LISON.

Air. *Que j'estime mon cher voisin.*

Les talens vous rendroient heureux ;
   Ah ! que je les envie !

LE SEIGNEUR.

Non , Bergere , il n'est point sans eux
   De charmes dans la vie.

Air. *L'Amant frivole & volage.*

Des talents qui sçavent plaire ,
Lison ne manqua jamais :
Ils sont sans nombre, Bergere ,
De même que tes attraits.
Par tes pas quand tu nous traces ;

Les feux naiſſans des deſirs,
Déja l'on croit voir les Graces,
Donner la main aux Plaiſirs.

Tu prêtes à la peinture
Un luſtre, un éclat nouveau.
Toujours on voit la nature
Orner ton moindre tableau.
De la Reine de Cithére,
Tu fis le portrait un jour.
L'amour croyant voir ſa mere
Vint voltiger à l'entour.

LISON.

Air. *Ne v'là-t'il pas que j'aime.*

On croit trouver tous les talents
Dans un objet qu'on aime :
Hélas ! les cœurs indifferens
N'en jugent pas de même.

LE SEIGNEUR.

Air. *L'amour vous appelle.*

Ouvrez la carriere,
Embelliſſez nos jeux,
L'Enfant de Cythére
Va combler vos vœux.
Ce Dieu, ſur vos traces,
Prouve que le talent
Sçait donner aux graces
Un tendre agrément.

================================

SCENE V.

LISON, *feule.*

AIR. *L'anonime.*

MON Amant veut envain s'en deffendre ;
Son amour fait place à la froideur.
S'il m'aime.... Non, je ne puis comprendre
  Qu'il m'expofe à mourir de douleur ;
  Il falloit cacher mon ardeur.
J'aurois plus de pouvoir fur fon cœur :
Tendre amour, viens calmer mes allarmes.
  Avec toi renaîtront les plaifirs :
On fent mieux ce que valent tes charmes,
  Quand ils font précédés des foupirs.
  Infpire-moi dans ce moment ;
  Le moyen de fixer mon Amant.
Tu m'inftruis... oui, je dois l'entreprendre ;
  On peut tout, animé par tes feux,
Mon bonheur, du fuccès va dépendre ;
  Et l'amour me le promet heureux,

SCENE VI.

LE SEIGNEUR, & *tous les prétendans au prix*, **LE BAILLI**, & *sa suite.*

LE BAILLI.

AIR. *Tout roule aujourd'hui dans le monde.*

C'Est en ce lieu que l'on couronne
Aujourd'hui le talent vainqueur.
Toute place nous paroît bonne
Quand on est près de son Seigneur.
Je n'avons à votre personne
Point marqué de place d'honneur.
Ce gazon même vaut un thrône,
Lorsque vous l'occupez, Monsieur.

SCENE VII.
LA PEINTRESSE.

AIR. *Pour fléchir une Nonne austere.*

PAR les attraits de la Peinture,
On se retrace en tous lieux
Mille objets gracieux

Qui vous enchantent les yeux.
Par cette agréable imposture,
On voit des fruits en tout tems ;
En hiver, les préfens
Du printems.

Là, fur le bord d'une onde claire,
Eft la Bergere Doris ;
Auprès d'elle eft affis
Le jeune Berger Daphnis.
Leur entretien.....
Ah, qu'il fe devine bien !
Rien,
N'en dit tant que leur maintien ;
Des yeux le langage fincere,
L'un à l'autre avec douceur,
Exprime de leur cœur
Le defir & le bonheur.
Oui, pour une tendre Bergere,
C'est où l'on lui fait la cour,
Qu'eft le riant féjour
De l'Amour.

SCENE VIII.

LA PEINTRESSE, LISON,
& les précédents.

LISON.

AIR. *Bergers sortez de vos retraites.*

QUE le succès m'est nécessaire,
Pour les prix offerts en ce jour ;
Sur mes talens en vain j'espere,
Je n'attends rien que de l'amour.

Ce charmant vainqueur m'encourage,
Il m'enhardit en ce moment.
Il ne peut faire mon partage,
Qu'à la gloire de mon Amant.

LA PEINTRESSE.

Même Air.

Venez-vous ici pour m'exclure,
De la victoire où je prétends ?
J'aurai le prix, oui, je l'augure,
Je le désire, & je l'attends.

B

LE PRIX DES TALENS,

AIR. *M. le Prévôt des Marchands.*

Le génie a des coups hardis,
Qui balancent le coloris.
Auquel donner la préférence?

LISON.

Pour tous deux je difputerai.

LA PEINTRESSE.

Par les traits frappans je commence;
Voyons fi je l'emporterai.

AIR. *De tous les Capucins du monde.*

Je peins un homme fans fcience,
Pourvû d'un pofte d'importance,
Que lui procura fon Iris;
Je le peins ardent à tout faire.

LISON.

Moi, je le repréfente affis,
Appuyé fur fon fecrétaire.

LA PEINTRESSE.

AIR. *Des Charbonniers.*

Je peins une veuve en noir,
Qui fe livre au defefpoir.

LISON.

Je peins une veuve en noir,
Pleurant devant un miroir.

LA PEINTRESSE.

Une prude est-elle bien peinte,
Avec un livre en méditant ?

LISON.

Pour tracer cette vertu feinte,
Ce n'est pas ainsi qu'on s'y prend.
Je la peins un masque en main,
En rendez-vous clandestin.

LA PEINTRESSE.

D'un parasite indigent,
Je peins l'air bas & rempant.

LISON.

Je le peins au Palais Royal,
De midi guétant le signal.

LA PEINTRESSE.

J'ai coëffé dans le plus galant,
Cette Actrice, qui brille tant.
Perles, rubis, dentelle,
Tout marque sa fierté.

LISON.

Je coëffe, cette Belle,
A la frivolité.

LA PEINTRESSE.

D'un air minaudier, mis comme un petit-Maître.
La lorgnette en main, je peins l'Abbé Poupin.

LISON.

Et moi, pour le faire encore mieux reconnoître,
Je le peins en femme, un flacon à la main.

LE SEIGNEUR.

Air. *Des folies d'Espagne.*
Pour le deffein, ma Lifon vous furpaffe.

LA PEINTRESSE.

Que les couleurs me vangent à l'inftant.

Lui montrant un Portrait.

Confidérez ce Portrait d'une grace.

LISON.

Examinez celui de mon Amant.

LE BAILLI.

Air. 2e. *Couplet des folies d'Espagne.*
Quel vif éclat ! rendez, rendez les armes.

LE SEIGNEUR.

Tout eft frappant, tout flatte en ce tableau.
A ces couleurs, l'Amour prête des charmes.

LISON.

Oui, l'amour même a conduit mon pinceau.

─────────────────────────

SCENE IX.

UN BERGER, & *les précédents.*

LE SEIGNEUR.

AIR.. *Pour soumettre mon ame.*

DOIT-on dans un Village,
Se piquer de bien chanter ?
Un brillant étalage ,
Ne peut ici nous flatter.
Souvent un grand air ennuye ;
Egayés nous mes amis ;
La chanson la plus jolie ,
En ce jour aura le prix.

LE BAILLI.

AIR. *Vantez-vous en.*

O s'il s'agit de chansonnettes ,
Morgué , j'en sçais des plus drolettes ;
Qui pourroient fort bien l'emporter.
Sans héziter ,
J' vons disputer !
Il faut que je sçachions chanter ;
Car plus d'une fois les fillettes
Ont pris plaisir à notre chant ;
Vantez-vous en.

B iij

LE BERGER, *Prelude de Mufette.*

AIR. *Noté*, N°. 2.

Pour écouter d'une fauvette ,
Les fons amoureux & touchans ;
Chaque jour la jeune Lifette,
Dès le matin , va dans nos champs.
Chantez , chantez , fauvette ,
Pour amufer ma Bergerette.
　　Vos fons charmants ,
　　Infpirent les Amants.

Heureux oifeau , ton doux ramage ,
De Lifette fait les plaifirs.
Que ne puis-je dans mon langage ,
Comme toi peindre mes defirs ?
Chantez , &c.

Si c'eft le tendre amour , lui-même ,
Qui t'inftruit dans l'art de charmer ,
Dis à Lifette que je l'aime ,
Et Lifette pourra m'aimer.
Chantez , &c.

LE BAILLI.

AIR. *Noté*, N°. 3. *Ronde. Prélude de Tambourin.*

Notre voifine Marotte ,
Ne faifoit rian chaque jour ;
Dormoit comme une Marmotte ,

Avant qu'on lui fit la cour.
Apréfent , un rian l'éveille ;
Au travail qu'alle a d'ardeur !
On a la puce à l'oreille ,
Quand on a l'amour au cœur.

Alle trouvoit fort étrange.
Que fes gens fuffions foigneux ;
Dans le tems de la vendange ,
Qu'ils étions trop matineux.
Avant l'aurore alle éveille ,
Aujourd'hui le Vendangeur.
On a la puce à l'oreille ,
Quand on a l'amour au cœur.

Lorfque dans la revêrie ,
Autrefois je la trouvions ,
Avec fa Niéce jolie ,
Je nous familiarifions ;
Mais qu' Marotte dorme ou veille ,
Alle entend tout par malheur.
On a la puce à l'oreille ,
Quand on a l'amour au cœur.

LISON.

AIR. *Noté.* N°. 4. *Prélude de Mandoline.*

On veut fe deffendre
D'écouter l'amour ;
Mais le malin fçait bien nous prendre,
Par quelque détour ,

Sans ceſſe il nous guette,
Le ruſé matois,
Nous ſuit au bois.
Eſt-on ſur l'herbette ?
Il vient s'y cacher,
Et nous fait trébucher.

L'Amant qui ſçait plaire,
Cauſe du tourment
A la trop naïve Bergere,
Qu'il trompe aiſement.
Que faire à notre âge ?
On ne peut ſonger
A ce danger,
Lorſque l'on s'engage,
On voit ſeulement
Les yeux de ſon Amant.

Mon Berger Silvandre,
Eſt vif & charmant
S'il ceſſoit pour moi d'être tendre,
Hélas ! quel tourment !
D'une ardeur ſincere,
Un tendre lien
Eſt le ſoutien ;
Loin d'être légere,
Je veux l'aimer tant,
Qu'il ſoit toujours conſtant.

LE BAILLI.

Pour le prix, je n'ai plus de zéle,
Et je sens ma voix qui chancelle.
Par vos talens, vous contentez,
    Vous enchantez,
    Vous l'emportez.
Oui, la Belle, vous le méritez,
    Et vous l'emportez.

LE SEIGNEUR.

Lycas, froid & langoureux,
Peint mal les feux de Cythére.
Le Bailli, chanteur, joyeux,
Plaît ; mais il ne touche guére.
D'un & d'autre côté,
Tout céde à ma Bergere.
Sa naïve gayeté,
Sçait attacher & plaire.

Ma Lison, a double avantage.
Qu'à jamais l'Hymen nous engage,
    Ah ! quel bonheur !

LISON.

Mais d'un Berger de ce Village,
Je puis devenir le partage,
    S'il est vainqueur.
       Le Berger sort.

SCENE X.

L I S O N, *& les précédens.*

LISON.

AIR. *La Foire de Brie, Contredanse.*

PUISQUE jusqu'ici,
    J'ai réussi;
Tout doit m'exciter
A remporter,
Victoire entiére.
Puisque jusqu'ici,
    J'ai réussi;
Tout doit m'exciter
    A finir ainsi.

Le plaisir flatteur,
D'avoir le cœur
De mon Vainqueur,
Est le seul bonheur
Qui me touche, & sçait me plaire.
J'espere en ce jour,
Un doux retour
Du tendre Amour.
C'est lui qui m'instruit,
Et son flambeau me conduit.

Puisque jusqu'ici, &c.

SCENE XI.

ARLEQUIN *en Maitre d'Armes avec un Plaſtron. Les Précédens.*

ARLEQUIN.

AIR. *A table je ſuis Grégoire.*

ALLONS, d'eſtoc & de taille ;
Répondons à qui va là.
C'eſt notre champ de bataille.
Ça ventrebleu, ti, ta, ta.
Largement je viens de boire.
Que je vais faire d'éclat !
A table je ſuis Grégoire ;
Et le diable en un combat.

LISON.

AIR. *Courez vîte, prenez le Patron.*

C'eſt par trop garder l'incognito,
Quand tu fais là le fat à gogo.
Mais pour contenter ton vertigo,
Je t'attaque ici ſubito.

ARLEQUIN.

Ho !

LISON.

AIR. *Tu, ton, tu, taine.*

Allons, montrez votre sçavoir.

ARLEQUIN.

Oh ! c'eft ce que vous allez voir ;
Mais contre vous, c'eft vain efpoir :
Vous plaifantez , ma reine.

LISON.

Et, tu, tu, tu ,
Quel Garçon es-tu ?
Et , ton, ton, ton ,
Eft-ce là le ton ?
Pour qui me prend-on ?
Pour un hanneton ,
Tutaine , tuton ,
Tuton, tuton, tutaine.

ARLEQUIN.

AIR. *Vous avez bien de la bonté.*

Le prix que je viens difputer ,
Ne peut être le vôtre.

LISON.

Et moi , je prétends remporter ,
L'un , auffi bien que l'autre.
Je ne veux point d'honnêteté ;

PARODIE.

ARLEQUIN.

Belle, n'employez que vos charmes,
Pour toutes armes.

LISON.

Monſieur, en vérité,
Vous avez bien de la bonté.

ARLEQUIN.

AIR. *Fanfare de St. Cloud.*

Que mon pareil faſſe rage,
Auſſi-tôt j'aurai mon tour ;
Mais qu'une beauté m'engage,
A la combattre en ce jour ;
L'un anime mon couráge,
L'autre excite mon amour.

LISON.

AIR. *Menuet d'exaudet.*

Sur cecy,
Point icy
De foibleſſe.
Voyons donc votre début :
Recevez le ſalut.   *Elle fait le ſalut.*
En garde, avec vîteſſe.
Le nigaud ?
Quel aſſaut !
Il héſite.

S'il ne fait mieux , ſur ma foy ,
La victoire eſt pour moi.
　　　. Petite....

Elle tire une quarte , il pare en rompant la meſure.

Une quarte ſous les armes ,
déja le met en allarmes.
　　　　　Soutenez ,
　　　　　Prévenés ,
　　　　　Votre perte....　　ils feraillent.
Mais , il prend mieux ſon eſſor.
　　Voyons s'il eſt encor
　　　　　Allerte.

A R L E Q U I N.

Grace , hélas !
Je ſuis las :
Faiſons tréve.

L I S O N.

Votre eſpoir eſt une erreur.

A R L E Q U I N.

Ce n'eſt point par terreur ;
Mais , ventrebleu je créve.

L I S O N.

Redoublez.

A R L E Q U I N.

Vous troublez ma cervelle.

PARODIE.

LISON.

Voulez-vous finir , hébien ?

ARLEQUIN.

Oh ! cette femme eſt bien

Cruelle !

ARLEQUIN.

Aɪʀ. *Si c'eſt un honneur de boire.*

C'eſt auſſi trop de foibleſſe ;
Songeons à lui réſiſter.

LISON.

Mettons toute notre adreſſe
A pouvoir le ſurmonter :
Il ſe rit d'une cornette ;
Mais agiſſons tout de bon.

Elle lui porte une botte.

Bon !
Apprenons à cet Athelette ,
Qu'à tort il fait le pinpant...
Pan.   *Elle le deſarme.*

ARLEQUIN.

Aɪʀ. *Et non , non , non.*

C'eſt aſſez , plions bagage ;
Cette femme eſt un démon.

Je fuis vaincu, j'en enrage.
Avoir le fort d'un poltron!

LISON.

Eft-ce qu'à votre courage,
Il faut encore une leçon?

ARLEQUIN.

Et non, non, non,
Je n'en veux pas d'avantage.   *Il fort.*

SCENE XII.

LE SEIGNEUR, *les Précédents.*

Air. *Il faut l'envoyer à l'école.*

AH ! quel efpoir pour mon amour !
Chacun ici vous rend les armes,
A vos charmes ;
Je vois que tout céde en ce jour.

LE BAILLI.

Alle fçait bian
Jouer fon rolle.
Qui lui difpute fon talent ?
A l'inftant,
Alle vous envoye à l'école.

SCENE

SCENE XIII. & *derniere.*

UNE DANSEUSE, LES PRECEDENS.

LA DANSEUSE.

AIR. *Grandeur brillante, où j'ai tout vû.*

LA Danseuse enchante,
Anime les desirs,
Les transports, les plaisirs.
Quelle est brillante !
Quelle reçoit d'encens !
Par ses charmes puissans,
Qui séduisent les sens.
Fille novice,
Lorsque le pied vous glisse,
Ne vous troublez pas ;
La plus sçavante, hélas !
Fait bien d'autres pas.
Charme suprême,
Par tes vives ardeurs,
Tu séduis tous les cœurs.
L'amour lui-même,
Se plaît dans nos ébats,
Et fait voir dans nos bras,
Ses graces, ses appas.

C

LE BAILLI.

AIR. *J'ai pris bien du plaisir.*

Quelle petite Eveillée !
Alle ne manque point d'art.
Pour danser sous la feuillée,
Que j'aimons cet air gaillard !
Alle est vive, alle est legere ;
Alle est taillée à ravir :
Danse, gentille Bergere,
Nous aurons bien du plaisir.

LA DANSEUSE.

AIR. *Dieu de la tendresse.*

Lise, avec aisance,
    Danse,
Toujours en cadence :
      J'entreprends,
Des pas brillants.
Je pars avec pétulence :
    L'activité,
Nous peint la gayeté ;
    L'agileté,
Dont on est enchanté.
Il faut sans attendre,
    Tendre,
Au prix le plus tendre,
Que l'amour,
Donne en ce jour,

Par une danfe legere,
Toujours on eft fûr de plaire.
Le ferieux eft ennuyeux :
Je me ris d'un terre-à-terre,
Quand je puis m'élever aux cieux.

Elle danfe au tambourin.

LISON.

AIR. *Sous un ormeau.*

Sur un air lent,
Tendre & galant,
Dans ce talent,
On touche, on furprend ;
Tout ce que l'on entreprend :
Prend.
Au prix il faut tenter ;
Je veux fans m'emporter,
L'emporter.
Je prends des airs mignards,
J'adoucis mes regards,
Et je parts.
Voyez mes pas,
Mes ports de bras,
Sans ce fracas,
De vos entrechats ;
Ceci mettra nos débats,
Bas.

*Elles forment un pas de deux & fur le même Air,
l'une danfe legerement, & l'autre majeftueufement.*

C ij

LE BAILLI.

AIR. *Ton joli belle Meûniere.*

Stelle-cy, qu'alle eſt jolie ;
C'eſt un vrai bijou ;
Mais cette autre dégourdie
Nous rend preſque fou :
Aille , nous baille l'envie
De danſer itou.

LE SEIGNEUR.

AIR. *Ah ! qu'il eſt genti mon mari.*

L'une a des charmes ſémillans ,
Et pour les graces , l'autre eſt faite.

à la danſeuſe.

L'art vous donne mille talents.

à Liſon.

La nature vous rend parfaite :
Vous méritez tous nos égards ;
Et voici votre arrêt , Mesdames,

à la danſeuſe.

Vous , vous étonnez nos regards ;

à Liſon.

Mais, vous , vous enlevez nos ames.

PARODIE.

LA DANSEUSE.

Air. *Je m'éloigne vainement.*

Un jour viendra que j'aurai
    Le prix en partage.
En m'exerçant, je pourrai
    Faire d'avantage.   *bis.*

LE SEIGNEUR, *à Lison.*

Air. *Noté.* N°. 6.

Tant de Talents en ta personne,
Rendent tous mes sens interdits.
L'amour croit te donner un prix,
Et c'est à moi seul qu'il le donne.

LISON.

Air. *Charmant Amour.*

En ce beau jour, nous allons nous unir :
Pour toi, mon ardeur est extrême.
Que je m'engage avec plaisir !
Je t'aimerai toujours de même.
Quand on aime, & qu'on aime bien,
On ne desire plus rien.

VAUDEVILLE.

N°. 7.　　　　I.

DANS ſes Talens, trop d'eſpérance,
Indiſpoſe le Spectateur;
Mais auſſi trop peu d'aſſurance,
Peut être nuiſible à l'Acteur.
Qu'importe ! le ſort qu'on nous garde;
Tentons toujours d'aller au bien.
　　　　Qui ne hazarde,
　　　　N'a jamais rien.

II.

Si Lycas me peint ſon martyre,
Il eſt triſte, il eſt languiſſant;
Il me regarde, & puis ſoupire.
Eſt-ce là le fait d'un Amant?
Quand la vertu n'eſt plus en garde,
L'Amour doit preſſer l'entretien.
　　　　Qui ne hazarde, &c.

III.

Un vieux caiſſier par ſon uſure,
Trafique en argent confié;
Il ſçait qu'il met à l'avanture.
Qu'on pourroit lui faire haut le pied;
Mais toujours à payer il tarde;
De s'enrichir, c'eſt le moyen.
　　　　Qui ne hazarde, &c.

I V.

Vous rifquez, difoit Araminte,
Ma fille, d'aller feule aux bois :
La Belle y retourne fans crainte ;
Elle attrape un nid cette fois,
Elle arrive l'humeur gaillarde,
Et dit, voyez ce que je tien.
  Qui ne hazarde, &c.

V.

Eglé, jeune folliciteufe,
Chez Damis pourfuit un Procés :
Damis d'une jeune Plaideufe,
Toujours affura le fuccès.
L'Amour pourroit bien par m'égarde,
Se mêler dans leur entretien.
  Qui ne hazarde, &c.

V I.

Meffieurs, daignez à la Jeuneffe,
Prouver aujourd'hui vos bontés :
Nos Auteurs fentent leur foibleffe ;
Mais de vous plaire, ils font tentés.
Aux défauts ne prenez point garde ;
Quelquefois rifquer eft un bien,
  Qui ne hazarde,
  N'a jamais rien.

F I N.

J'ai lû par l'ordre de Monſeigneur le Chancelier . *Le Prix des Talens* , Parodie & je crois que l'on en peut permettre les repréſentations & l'impreſſion. A Paris le 4, Octobre 1754.

CREBILLON.

Le Privilége & l'enregiſtrement ſe trouvent à la fin du nouveau Recueil des meilleures Piéces de Théâtre de différens Auteurs.

LE PRIX DES TALENTS.
Parodie.

Du charmant objet que j'adore Rien ne

peut effacer les traits; Chaque instant

l'embellit en core, et rien n'egale ses at-

traits; Mais son merite qui m'engage,

M'offre des charmes plus constans, Ra-re-

ment on devient volage quand on ne

ce-de qu'aux Talents,

Dans la bouche de sa bergere, un je vous

aime est bien flateur; Ce mot vari é Sçait

nous plaire, ilest la source du bonheur,

Tantot dit avec innocence et tantot dit a-

vec gayté, Lison sçait fixer la constance

par l'attrait de la Nouveauté.

No. 2.

Gracieux

Pour écouter d'une fau vette, Les ames a-

moureux et touchants; chaque jour la jeu-

nette au Plai... en... n... e... dans vos champs.

Chantez chantez, fauvette pour amuser ma

berge-ret-te, Vos sons charmans ins-

pi-rent les A-mans.

2.

Heureux oiseau, ton doux ramage
De Lisette fait les plaisirs.
Que ne puis-je dans mon langage,
Comme toi peindre mes désirs
Chantez, &c.

3.

Si c'est le tendre amour lui même,
Qui t'instruit dans l'art de charmer,
Dis à Lisette que je l'aime,
Et Lisette pourra m'aimer
Chantez, &c.

no. 3.

Notre voisi - ne Marot te ne fai-
Dormoit comme une Marmotte, a - vant

soit rian chaque jour. A present on rian l'é-
qu'on lui fit la Cour.

veille, au travail qu'elle à d'ardeur, on a la pu-

ce à l'oreille quand on a l'amour au cœur.

2

Alle trouvoit fort etrange ,
Que ses gens fussiont soigneux ;
Dans le tems de la vendange,
Qu'ils étiont trop matineux.
Avant l'aurore alle éveille
Aujourd'hui le Vendangeur .
On a la puce à l'oreille,
Quand on a l'amour au cœur

3 .

Lorsque dans la rêverie ,
Autrefois je la trouvions ,
Avec sa Niece jolie ,
Je nous familiarisions ;
Mais qu'Marotte dorme ou veille ,
Alle entend tout par malheur .
On a la puce à l'oreille ,
Quand on a l'amour au cœur ,

Les Ruses nº 4. de L'Amour.

On veut se deffendre d'é-couter L'A-

mour ; Mais le malin sçait bien nous prendre

par quelque détour, Sans cesse il nous guette,

Le rusé matois nous suit aux bois Est on

sur l'herbet te, il vient s'y cacher, et

nous fait tre-bu-cher,

2.

L'Amant qui sçait plaire,
Cause du tourment
A la trop naïve Bergere
Qu'il trompe aisement
Que faire à notre âge
On ne peut songer
A ce danger.

Lorsque l'on s'engage,
On voit seulement
Les yeux de son Amant.
3.

Mon Berger Silvandre
Est vif et charmant;
S'il cessoit pour moi d'être tendre,
Helas! quel tourment!
D'une ardeur sincere,
Un tendre lien
Est le soutien;
Loin d'être legere,
Je veux l'aimer tant,
Qu'il soit toujours constant.

nº 5

Tant de Talents en ta personne ren-

dent tous mes sens interdits, l'Amour croit

te donner un prix, et c'est à moi qu'il le don-ne.

Vaudeville   nº 6.

Dans ses Talents trop d'esperance indispose le Spectateur ; Mais aussi trop peu

d'assurance, peut être nuisible à l'Ac-

teur, qu'importe ! Le sort qu'on nous garde ?

Tentons toujours d'aller au bien, qui ne ha-

zar de n'a jamais rien.

2

Si Lycas me peint son martire,
Il est triste, il est languissant :
Il me regarde, et puis soupire,
Est-ce là le fait d'un Amant ?
Quand la vertu n'est plus en garde,
L'amour doit presser l'entretien.
Qui ne hazarde &c.

3.

Un vieux caissier par son usure
Trafique en argent confié ;

Il sçait qu'il met à l'aventure
Qu'on pourroit lui faire haut le pied ;
Mais toujours à payer il tarde ;
De s'enrichir, c'est le moyen.
  Qui ne hazarde &c.

4

Vous risquez, disoit Araminte,
Ma fille, d'aller seule aux bois ;
La Belle y retourne sans crainte :
Elle attrape un nid cette fois,
Elle arrive l'humeur gaillarde,
Et dit, voyez ce que je tien,
  Qui ne hazarde, &c.

5

Eglé, jeune solliciteuse,
Chez Damis poursuit un Procés ;
Damis d'une jeune Plaideuse,
Toujours assura le succés,
L'amour pourroit bien par mégarde,
Se mêler dans leur entretien,
  Qui ne hazarde &c.

6.

Messieurs, daignez à la Jeunesse
Prouver aujourd'hui vos bontés ;
Nos Auteurs sentent leur foiblesse ;
Mais de vous plaire, ils sont tentés,
Aux defauts ne prenez point garde ;
Quelquefois risquer est un bien,
  Qui ne hazarde, &c. fin.

www.ingramcontent.com/pod-product-compliance
Lightning Source LLC
LaVergne TN
LVHW022213080426
835511LV00008B/1748